PROCÈS VERBAL

DES SÉANCES

DE L'ASSEMBLÉE PROVINCIALE

DE CHAMPAGNE,

Tenue à Châlons dans le mois d'Août 1787.

A CHAALONS,

Chez Seneuze, Imprimeur du Roi.

PROCÉS VERBAL

DES

SÉANCES

DE

L'ASSEMBLÉE PROVINCIALE

DE CHAMPAGNE,

Tenue à Châlons dans le mois d'Août 1787.

L'AN mil sept cent quatre vingt sept le quatre
du mois d'Août, à neuf heures du matin, dans la
salle de l'Hôtel de ville de Châlons-sur-Marne,
qui a été choisie pour le lieu de l'Assemblée ordonnée par le Réglement, fait par le Roi, du 23 Juin
1787. Messieurs les Députés ont remis sur le bureau leurs lettres de convocation pour la tenue de

A ij

la préſente & première Aſſemblée qui a été reconnue être compoſée,

SAVOIR;

POUR l'Ordre du Clergé.

De
- Monſeigneur L'ARCHEVÊQUE *Duc de Reims Préſident.*
- Monſeigneur L'EVÊQUE *de Troyes.*
- Monſeigneur L'EVÊQUE *Comte de Châlons.*
- Monſieur L'ABBÉ *de Clairvaux.*
- Monſieur l'Abbé DE TALLEYRAND - PÉRIGORD.
- Monſieur l'Abbé DE MONTESQUIOU (*abſent.*)

POUR l'Ordre de la Nobleſſe.

De
- Monſieur le Marquis D'ECQUEVILLY.
- Monſieur le Comte de S.ᵗ BELIN.
- Monſieur le Commandeur DE DAMPIERRE (*abſent.*)
- Monſieur le Marquis DE MESGRIGNY.
- Monſieur LE REBOURS, *Préſident au Parlement de Paris.*
- Monſieur le Marquis de S.ᵗ CHAMANS, (*abſent.*)

POUR les Députés des Villes & Campagnes
repréfentans le Tiers-Etat.

De {

Monfieur DE SOUYN , *Maréchal des Camps & ar-*
mées du Roi , Maire de Reims.

Monfieur DE BALLIDART *Chevalier , Procureur du*
Roi au Bailliage & Siége Préfidial de Vitry-
le - François.

Monfieur HUEZ , *Doyen du Bailliage & Siége*
Préfidial de Troyes & Maire de ladite Ville.

Monfieur BRUSLÉ DE LA BRUNIÈRE, *ancien Maire*
de la ville de Sézanne & Confeiller au Bailliage.

Monfieur DE BRIENNE , *Maréchal des Camps &*
Armées du Roi , Maire de Bar-fur-Aube.

Monfieur BAUDOT DE VILLE , *Maire de Langres.*

Monfieur FLORION , *demeurant à S.te Menéhould.*

Monfieur le Comte DE PONS , *Maire de Chaumont.*

Monfieur DE BERLE , *Chevalier , ancien Capitaine*
d'Infanterie , Maire de Châlons.

Monfieur LE BLANC , *Lieutenant de la Louveterie,*
Seigneur de Neuville , demeurant à Mareuil le Port.

Monfieur DE CRANCÉ DE BALHAM , *Écuyer , ancien*
Moufquetaire , Seigneur de Balham , demeurant à
Balham -fur - Aifnes,

Monfieur VARNIER , *demeurant à Éclaron , (abfent.)*

Monfeigneur l'Archevêque Duc de Reims a dit que M. l'Abbé de Montefquiou lui avoit témoigné fes regrets de ne pouvoir fe rendre dans ce moment à Châlons, & l'avoit prié de les exprimer à l'Affemblée.

Monfeigneur l'Archevêque Préfident a ajouté qu'il avoit adreffé à M. le Commandeur de Dampierre, à M. le Marquis de S. Chamans & à M. Varnier les lettres qui lui avoient été envoyées par M. le Baron de Breteuil, Miniftre & Secrétaire d'État, par lefquelles le Roi les nommoit Membres de l'Affemblée Provinciale ; mais que, n'en ayant point reçu de réponfe, il conjecturoit que ces lettres avoient été égarées.

L'Affemblée étant formée, Meffieurs ont pris Séance dans l'ordre qui fuit :

Mgr. l'Archevêque Duc de Reims Préfident, au fond de la falle.

Meffieurs du Clergé à fa droite, obfervant entr'eux l'ordre accoutumé dans leurs Séances.

Meffieurs de la Nobleffe à la gauche, fuivant leur âge.

Et Meffieurs les Députés des propriétaires des Villes & Campagnes, fuivant l'ordre des Villes & Paroiffes qui a été déterminé d'après leurs contributions, la moitié joignant le Clergé, & l'autre moitié joignant la Nobleffe : fous la réferve expreffe que les rangs & féances, ci-deffus pris, ne pourront nuire, ni préjudicier aux droits & qualités des fufnommés.

La Séance étant prife, Mgr. l'Archevêque Duc de Reims a dit que, quoique l'objet de cette Affemblée fût affez connu, foit par les ordres de SA MAJESTÉ adreffés à chacun de Meffieurs, foit par le Règlement du Roi arrêté en fon Confeil le 23 Juin 1787. Il étoit cependant prévenu que l'intention de Sa Majefté devoit être notifiée, d'une maniere plus folemnelle à Meffieurs les Députés ici préfens, par M. Rouillé d'Orfeuil, Intendant de cette Généralité, chargé à cet effet d'une Commiffion fpéciale; & qu'il croyoit qu'on devoit attendre fon arrivée, avant de s'occuper d'aucun objet. Il a ajouté qu'il ne doutoit point que Meffieurs ne vouluffent le recevoir avec les honneurs qu'on a coutume de rendre à ceux qui font chargés de faire connoître les intentions du Roi. Et mondit Seigneur Archevêque Préfident a prié M. l'Abbé de Périgord, M. le Préfident le Rebours, M. le Blanc & M. de Crancé d'aller recevoir mondit Sieur le Commiffaire du Roi. Meffieurs les Députés, avertis de fon arrivée, ont été le recevoir au haut de l'efcalier qui conduit à la falle où Meffieurs étoient affemblés. M. le Commiffaire du Roi eft entré, ayant, à fa droite, M. l'Abbé de Périgord, à fa

gauche , M. le Préfident le Rebours , & il étoit
accompagné de MM. de Crancé & le Blanc.

L'Affemblée s'eft levée à l'arrivée de M. le Commiffaire du Roi, qui a pris féance dans un fauteuil
en face de M. l'Archevêque Préfident , & il a pro-
noncé un difcours dans lequel il a expofé qu'en
conformité des intentions de Sa Majefté , l'Affemblée devoit procéder à l'élection des vingt - quatre
Membres qui completteront ladite Affemblée Provinciale , fuivant le Règlement du Roi ; & mondit
Sieur le Commiffaire de Sa Majefté a remis , à M.
l'Archevêque de Reims, l'original dudit Règlement:
il en a requis la lecture qui a été ordonnée par mondit Seigneur l'Archevêque Préfident ; elle a été
faite par M. Huez , faifant les fonctions de Secrétaire en la préfente Affemblée.

Mgr. l'Archevêque Duc de Reims a répondu par
un difcours dans lequel il a témoigné les fentimens
de reconnoiffance dont font pénétrés tous les Membres de l'Affemblée , & le zèle qui les anime pour fe
conformer aux vues bienfaifantes de Sa Majefté.

Il a été arrêté enfuite que le fufdit Règlement
fera dépofé aux Archives de l'Affemblée & tranfcrit
enfuite du préfent Procès verbal.

Ce fait , mondit Sieur Rouillé d'Orfeuil, Commiffaire du Roi, s'eft retiré , & a été reconduit

avec les mêmes honneurs, par les mêmes Députés qui avoient été le recevoir. Et mefdits Sieurs les Députés étant rentrés dans la falle d'Affemblée, & ayant repris leurs places, M. l'Archevêque Préfident après avoir repréfenté à l'Affemblée l'importance des fonctions qu'elle eft chargée de remplir, a dit que, pour obéir aux ordres du Roi, elle devoit s'occuper du choix d'un Greffier, de deux Syndics & des vingt-quatre autres perfonnes pour former le nombre de quarante - huit Membres dont ladite Affemblée fera compofée. Il a prié Meffieurs de conférer entr'eux fur les fujets qu'il conviendroit de propofer dans la prochaine Séance. Il a enfuite annoncé qu'il feroit, demain 5 de ce mois, à onze heures du matin, célébré une Meffe du Saint-Efprit dans l'Églife de l'Abbaye de S. Pierre, & Meffieurs font convenus d'y affifter.

La Séance a été indiquée, par M. l'Archevêque Préfident, à Lundi 6 du courant neuf heures du matin.

Fait & arrêté à Châlons le 4 du mois d'Août 1787.

Signé,

✝ ALEX. ANG. ARCH. DUC DE REIMS, PRÉSIDENT.

Huez,
Faifant fonction de Secrétaire.

B

RÉGLEMENT

FAIT PAR LE ROI,

Sur la formation & la compofition des Affemblées qui auront lieu dans la Province de Champagne, en vertu de l'Édit portant création des Affemblées provinciales.

Du 23 Juin 1787.

LE ROI ayant, par fon Édit de ce mois, ordonné qu'il feroit inceffamment établi dans les provinces & généralités de fon Royaume, différentes Affemblées, fuivant la forme qui fera déterminée par Sa Majefté, Elle a réfolu de faire connoître fes intentions fur la formation & la compofition de celles qui auront lieu dans la province de Champagne. Les difpofitions que Sa Majefté a fuivies, font généralement conformes à l'efprit qui a dirigé les délibérations des Notables de fon Royaume, qu'Elle a appelés auprès d'Elle ; mais en les adoptant, & malgré les avantages qu'Elle s'en promet, Sa Majefté n'entend pas les regarder comme irrévocablement déterminées ; Elle fait que les meilleures inftitutions ne fe perfectionnent qu'avec le temps, & comme il n'en eft point qui doive plus influer fur le bonheur de fes fujets que celle des Affemblées provinciales, Elle fe réferve de faire à ces premiers arrangemens, tous les changemens que l'expérience lui fera juger nécessaires ; c'est en conséquence qu'Elle a voulu que les premières Assemblées dont Elle ordonne l'établissement, restent pendant trois ans, telles qu'elles seront composées pour la première fois : ce délai mettra Sa Majesté à portée de juger des effets qu'elles auront produits, & d'assurer ensuite la consistance & la perfection qu'elles doivent avoir ; en conséquence Sa Majesté a ordonné & ordonne ce qui suit :

L'administration de la province de Champagne sera divisée en trois espèces d'Assemblées différentes, une municipale, une d'élection & une provinciale.

L'Assemblée provinciale se tiendra dans la ville de Châlons-sur-Marne ; celle de l'élection, dans le chef-lieu ; enfin les Assemblées municipales, dans les villes & les paroisses qu'elles représentent.

Elles feront élémentaires les unes des autres, dans ce sens que les Membres de l'Assemblée de la province feront choisis parmi ceux des Assemblées d'élection ; & ceux-ci pareillement, parmi ceux qui composeront les Assemblées municipales.

Elles auront toutes leur base constitutive dans ce dernier élément formé dans les villes & paroisses.

Assemblées Municipales.

ARTICLE PREMIER.

DANS toutes les communautés de Champagne où il n'y a pas actuellement d'Assemblée municipale, il en sera formé une conformément à ce qui va être prescrit, Sa Majesté n'entendant pas changer pour le moment, la forme & l'administration des municipalités établies.

B ij

I I.

L'Affemblée municipale qui aura lieu dans les communautés de la province de Champagne, où il n'y a point de municipalité établie, fera compofée du Seigneur de la paroiffe & du Curé, qui en feront toujours partie, & de trois, fix ou neuf Membres choifis par la communauté ; c'eft-à-dire de trois, fi la communauté contient moins de cent feux ; de fix, fi elle en contient deux cents ; & de neuf, fi elle en contient davantage.

I I I.

Lorsqu'il y aura plufieurs Seigneurs de la même paroiffe, ils feront alternativement, & pour une année chacun, Membres de l'Affemblée municipale, en cas que la feigneurie de la paroiffe foit entr'eux également partagée ; fi au contraire la feigneurie eft inégalement partagée, celui qui en poffédera la moitié fera de deux années une, Membre de ladite Affemblée ; celui qui en poffédera un tiers, de trois années une ; & les autres qui en pofféderont une moindre partie, feront tenus d'en choifir un d'entr'eux pour les repréfenter ; & pour faire ledit choix, chacun aura autant de voix qu'il aura de portions de feigneurie.

I V.

Il y aura en outre dans lefdites Affemblées, un Syndic qui aura voix délibérative & qui fera chargé de l'exécution des réfolutions qui auront été délibérées par l'Affemblée, & qui n'auront pas été exécutées par elle.

V.

Le Syndic & les Membres électifs de ladite Affemblée, feront élus par l'Affemblée de toute la paroiffe convoquée à cet effet.

V I.

L'A ss e m b l é e de la paroiffe fera compofée de tous ceux qui payeront dix livres & au-deffus, dans ladite paroiffe, d'impofition foncière ou perfonnelle, de quelqu'état & condition qu'ils foient.

V I I.

L a d i t e Affemblée paroiffiale fe tiendra cette année le premier Dimanche d'Août, & les années fuivantes, le premier Dimanche d'Octobre, à l'iffue de vêpres.

V I I I.

C e t t e Affemblée paroiffiale fera préfidée par le Syndic, le Seigneur & le Curé n'y affifteront pas.

I X.

L e Syndic recueillera les voix, & celui qui en réunira le plus, fera le premier élu Membre de l'Affemblée municipale, & il fera de même procédé fucceffivement à l'élection des autres.

X.

C e s élections & toutes celles qui feront mentionnées dans le préfent Règlement, fe feront par la voie du fcrutin.

X I.

T o u t e perfonne noble ou non noble ayant vingt-cinq ans accomplis, étant domiciliée dans la paroiffe au moins depuis un an, & payant au moins trente livres d'impofitions foncières ou perfonnelles, pourra être élue Membre de l'Affemblée municipale.

X I I.

C h a q u e année après les trois premières années révolues, un tiers des Membres choifis par l'Affemblée municipale, fe

retirera & fera remplacée par un autre tiers nommé par l'Affemblée paroiffiale ; le fort décidera les deux premièrcs années , de
ceux qui devront fe retirer , enfuite l'ancienneté.

X I I I.

Nul membre de l'Affemblée municipale ne pourra être réélu
qu'après deux ans d'intervalle. Le Syndic fera élu tous les trois
ans , & pourra être continué neuf ans , mais toujours par une
nouvelle élection.

X I V.

Le Seigneur préfidera l'Affemblée municipale ; en fon abfence
le Syndic. Le Seigneur qui ne fe trouvera pas à l'Affemblée ,
pourra s'y faire repréfenter par un fondé de procuration qui fe
placera à la droite du Préfident ; les Corps laïcs ou eccléfiaftiques
qui feront Seigneurs , feront repréfentés de même par un fondé
de procuration.

X V.

Le Curé fiégera à la gauche du Préfident, & le Syndic à la
droite, quand il ne préfidera pas ; les autres Membres de l'Affemblée fiégeront entr'eux, fuivant la date de leur élection.

X V I.

L'Assemblée municipale élira un Greffier qui fera auffi celui
de l'Affemblée paroiffiale ; il pourra être révoqué à la volonté par
l'Affemblée municipale.

Affemblées d'Élection.

Article premier.

La généralité de Champagne étant partagée en douze élections,
il fera établi dans chacune une Affemblée particulière.

I I.

Nul ne pourra être de ces Affemblées, s'il n'a été Membre d'une Affemblée municipale, foit de droit comme le Seigneur eccléfiaftique ou laïc & le Curé, foit par élection comme ceux qui auront été choifis par les Affemblées paroiffiales. Les premiers repréfenteront le Clergé & la Nobleffe, les autres le Tiers-état.

I I I.

Dans les villes ou paroiffes dans lefquelles il y a des muni-cipalités établies, les Députés defdites villes ou paroiffes aux Affemblées d'élection, feront pris dans les Membres de ladite municipalité, ainfi que parmi les Seigneurs & Curés defdites villes & paroiffes, & ce jufqu'à ce qu'il en ait été autrement ordonné.

I V.

Les fondés de procuration des Seigneurs laïcs à une Affem-blée municipale, pourront auffi, fi le Seigneur qu'ils repréfentent n'eft pas lui-même de l'Affemblée d'élection, & un feul pour chaque Seigneur, quand même il auroit plufieurs feigneuries, être nommés pour y affifter, pourvu qu'ils foient nobles, & qu'ils pofsèdent au moins mille livres de revenu dans l'élection.

V.

Lorsqu'une feigneurie fera poffédée par des Corps & Communautés, un des Membres defdits Corps & Communautés, pourvu qu'il foit noble ou eccléfiaftique, pourra à ce titre être Membre defdites Affemblées d'élection, fans néanmoins que le même Corps puiffe avoir plus d'un Député à la même Affemblée.

V I.

Lesdites Affemblées feront compofées de vingt-quatre

perfonnes, dont douze prifes en nombre égal parmi les Eccléfiaftiques & les Seigneurs laïcs ou Gentilshommes les repréfentans,
& douze parmi les Députés des villes & des paroiffes.

V I I.

Ces vingt-quatre perfonnes feront prifes dans fix arrondiffe-
mens, entre lefquels chaque élection fera divifée, & qui enver-
ront chacune à l'Affemblée, ainfi qu'il fera dit ci-après, quatre
Députés ; & fera cette divifion faite par la première Affemblée
d'élection.

V I I I.

La première Affemblée d'élection fe tiendra au jour qui fera
indiqué par les perfonnes que nous nommerons ci-après, pour
former l'Affemblée provinciale.

I X.

Les mêmes perfonnes nommeront la moitié des Membres de
ceux qui doivent compofer l'Affemblée d'élection, & ceux-ci fe
completteront au nombre qui eft ci-deffus exprimé.

X.

Quand les Affemblées d'élection feront formées, elles
refteront compofées des mêmes perfonnes pendant les années
1788, 1789 & 1790.

X I.

Ce temps expiré, les Affemblées fe régénéreront en la forme
fuivante :

Un quart fortira chaque année par le fort, en 1791, 1792 &
1793, & après fuivant l'ancienneté, de manière néanmoins que par
année il forte toujours un Membre de chaque arrondiffement.

pour

Pour remplacer celui qui fortira, il fe formera une Affemblée repréfentative des paroiffes de chaque arrondiffement.

Cette Affemblée fera compofée des Seigneurs, des Curés & des Syndics defdites paroiffes, & de deux Députés pris dans l'Affemblée municipale, & choifis à cet effet par l'Affemblée paroiffiale.

Ces cinq Députés fe rendront au lieu où fe tiendra l'Affemblée d'arrondiffement, & qui fera déterminé par l'Affemblée d'élection, & ils éliront le Député à l'Affemblée d'élection, dans le même ordre que celui qui fera dans le cas d'en fortir.

Cette Affemblée d'arrondiffement fera préfidée alternativement par celui des Seigneurs eccléfiaftiques ou laïcs qui devra fiéger le premier, fuivant l'ordre ci-après établi.

En cas d'abfence de Seigneur, la préfidence fera dévolue au Syndic le plus anciennement élu, & en cas d'égalité dans l'élection, au plus ancien d'âge.

X I I.

E N cas qu'il ne fe trouve pas de Seigneur, ni même de perfonne fondée de la procuration des Seigneurs, qui puiffe être députée à l'Affemblée d'élection, il fera libre d'en choifir dans un autre arrondiffement ; mais de la même élection.

X I I I.

L A compofition des Affemblées d'élection fera tellement ordonnée, que les Membres du Clergé & de la Nobleffe, ou du Tiers-état, feront le moins qu'il fera poffible tirés de la même paroiffe, & la paroiffe dont fera celui qui fortira de l'Affemblée, ne pourra pas en fournir du même ordre, qu'après un an au moins révolu.

C

X I V.

LES Députés des paroiffes feront, autant qu'il fe pourra, toujours pris moitié dans les villes & moitié dans les paroiffes de campagne.

X V.

L A préfidence fera dévolue à un Membre du Clergé ou de la Nobleffe indifféremment ; ce Préfident fera nommé la première fois par Sa Majefté ; il reftera quatre ans Préfident, après quoi & tous les quatre ans, le Roi choifira celui que Sa Majefté jugera convenable entre deux Membres du Clergé & deux de la Nobleffe qui lui auront été propofés par l'Affemblée, après avoir réuni la pluralité des fuffrages.

X V I.

L'ORDRE des féances fera tel que les Eccléfiaftiques feront à droite du Préfident, les Seigneurs laïcs à gauche, & les repréfentans le Tiers – état en face.

X V I I.

EN l'abfence du Préfident, l'Affemblée, s'il eft eccléfiaftique, fera préfidée par le premier des Seigneurs laïcs, & s'il eft laïc, par le premier des eccléfiaftiques.

X V I I I.

LES Eccléfiaftiques garderont entr'eux l'ordre accoutumé dans leurs féances.

X I X.

LES Seigneurs laïcs fiégeront fuivant l'ancienneté de leur admiffion, & l'âge décidera entre ceux qui feront admis le même jour.

X X.

Les séances entre le Tiers-état, seront suivant l'ordre des paroisses qui sera déterminé d'après leur contribution.

X X I.

Les voix seront prises par tête, & de manière qu'on prendra la voix d'un Eccléfiastique, enfuite celle d'un Seigneur laïc, enfuite deux voix du Tiers, & ainfi de fuite jufqu'à la fin. Le Préfident opinera le dernier, & aura voix prépondérante en cas de partage. Ce qui eft dit du Préfident de cette Affemblée, aura lieu pour toutes les Affemblées ou commiffions dont il eft queftion dans le préfent Règlement.

X X I I.

Lesdites Affemblées d'élection auront deux Syndics, un pris parmi les repréfentans du Clergé & de la Noblesse, & l'autre parmi les repréfentans du Tiers. Les deux Syndics feront trois ans en place, & pourront être continués pendant neuf années, mais toujours par une nouvelle élection, après trois ans accomplis, & de manière cependant que les deux ne foient pas changés à la fois.

X X I I I.

Il y aura de plus un Greffier qui fera nommé par l'Affemblée, & révocable à fa volonté.

X X I V.

Pendant l'intervalle des Affemblées d'élection, il y aura une commiffion intermédiaire, compofée d'un Membre du Clergé, d'un de la Noblesse, & de deux du Tiers-état, qui, avec les Syndics, feront chargés de toutes les affaires que l'Affemblée leur aura confiées.

XXV.

Le Greffier de l'Affemblée fera auffi le Greffier de cette commiffion intermédiaire.

XXVI.

Le Préfident de l'Affemblée d'élection préfidera auffi, quand il fera préfent, cette commiffion intermédiaire.

XXVII.

En fon abfence, elle fera préfidée par celui des repréfentans du Clergé & de la Nobleffe, qui fera nommé de ladite commiffion, & ce, fuivant que le Préfident fera de l'ordre du Clergé ou de la Nobleffe, ainfi qu'il a été dit ci-deffus.

XXVIII.

Les Membres de ladite commiffion feront élus par l'Affemblée; les premiers refteront les mêmes pendant trois ans, après lefquels un fortira chaque année, d'abord par le fort, enfuite par ancienneté, & fera remplacé dans fon ordre par l'Affemblée.

XXIX.

Ladite commiffion intermédiaire rendra compte à l'Affemblée, par l'organe des Syndics, de tout ce qui aura été fait par elle dans le cours de l'année.

Affemblées Provinciales.

ARTICLE PREMIER.

L'Assemblée provinciale de Champagne, fe tiendra pour la première fois, le 4 du mois d'Août.

I I.

E L L E fera compofée du fieur Archevêque de Reims, que Sa Majefté a nommé Préfident, & des vingt-trois perfonnes qu'elle fe propofe de nommer à cet effet, & qui feront prifes, favoir cinq parmi les Eccléfiaftiques, fix parmi les Seigneurs laïcs, & douze pour la repréfentation du Tiers-état.

I I I.

L E fieur Archevêque de Reims & les autres perfonnes nommées dans l'article précédent, nommeront vingt-quatre autres perfonnes, pour former le nombre de quarante-huit dont ladite Affemblée fera compofée.

I V.

I L S nommeront pareillement les onze perfonnes qui, avec le Préfident que le Roi aura nommé, commenceront à former les Affemblées d'élection, qui doivent enfuite nommer les autres Membres defdites Affemblées.

V.

I L S nommeront pareillement deux Syndics; un fera pris parmi les repréfentans du Clergé & de la Nobleffe, & l'autre parmi les repréfentans du Tiers-état, & un Greffier.

V I.

I L S nommeront auffi une Commiffion intermédiaire, compofée du Préfident de l'Affemblée des deux Syndics, d'un Membre du Clergé, d'un de la Nobleffe, & de deux du Tiers-état.

V I I.

D E S quarante-huit Membres dont fera compofée l'Affemblée

provinciale , vingt-quatre feront Eccléfiaftiques & Seigneurs laïcs ou Gentilshommes les repréfentans ; les uns & les autres en nombre égal , & vingt - quatre pris dans les Députés des villes & des paroiffes , & de manière que quatre foient toujours pris dans chaque élection , & que dans ces quatre , il y en ait toujours un du Clergé , un de la Nobleffe & deux du Tiers - état.

V I I I.

PARMI les Membres de ladite Affemblée , il ne pourra jamais s'en trouver deux de la même paroiffe.

I X.

LA première formation faite reftera fixe pendant les trois premières années ; & ce terme expiré , l'Affemblée fera régénérée par le procédé fuivant.

X.

UN quart fe retirera par le fort en 1791 , 1792 & 1793 , & enfuite par ancienneté : ce quart qui fe retirera chaque année , fera tellement diftribué entre les élections , qu'il forte un Député de chaque élection , & ce Député qui fortira fera remplacé dans fon ordre par un autre de la même élection , & nommé à cet effet par l'Affemblée d'élection.

X I.

CELUI qui aura été élu par l'Affemblée d'élection pour affifter à l'Affemblée provinciale , pourra refter Membre de l'Affemblée d'élection , & ainfi être tout-à-la-fois ou n'être pas partie des deux Affemblées ; mais les Membres de la commiffion intermédiaire des Affemblées d'élection , ne pourront être Membres de la commiffion intermédiaire de l'Affemblée provinciale.

X I I.

TOUT Membre de l'Affemblée provinciale qui aura ceffé d'en être, pourra être réélu, après toutefois qu'il aura été une année Membre de l'Affemblée d'élection.

X I I I.

EN cas qu'un Membre de l'Affemblée provinciale meure ou fe retire avant que fon temps foit expiré, il fera remplacé dans fon ordre par l'Affemblée d'élection, & celui qui le remplacera, ne fera que remplir le temps qui reftoit à parcourir à celui qu'il aura remplacé.

X I V.

LE Préfident de l'Affemblée provinciale reftera quatre ans Préfident.

X V.

CE terme expiré, le Roi nommera un autre Préfident, pris parmi quatre des Préfidens des élections, dont deux du Clergé & deux de la Nobleffe, qui lui feront préfentés par l'Affemblée provinciale.

X V I.

CE qui a été dit des élections, des rangs, ainfi que des Syndics, des Greffiers, & de la commiffion intermédiaire, pour les Affemblées d'élection, aura également lieu pour les rangs, les Syndics, les Greffiers, & la commiffion intermédiaire de l'Affemblée provinciale.

X V I I.

LES Affemblées municipales d'élections, ainfi que les commiffions intermédiaires qui en dépendent, feront foumifes & fubordonnées à l'Affemblée provinciale & à la commiffion intermédiaire qui la repréfentera, ainfi qu'il fera plus amplement déterminé par Sa Majefté.

X V I I I.

SA MAJESTÉ fe réferve pareillement de déterminer d'une manière particulière, les fonctions de ces diverfes Affemblées, & leur relation avec le Commiffaire départi dans ladite province; Elle entend qu'en attendant qu'Elle fe foit plus amplement expliquée, les règlemens faits par Elle à ce fujet, pour l'Af-femblée provinciale du Berry, foient provifionnellement fuivis, ainfi qu'ils fe comportent.

FAIT & arrêté par le Roi étant en fon Confeil, tenu à Verfailles le vingt-trois Juin mil fept cent quatre-vingt-fept. *Signé* LOUIS. *Et plus bas,* LE B.^{ON} DE BRETEUIL.

Du

Du Lundi 6 Août 1787.

M. l'Archevêque Duc de Reims Préfident.

L'Affemblée affifta hier Dimanche à la Meffe du Saint-Efprit, dite fans folemnité en l'Églife de l'Abbaye de Saint Pierre.

Cejourd'hui , MM. étant affemblés en la falle de l'Hôtel de Ville , à neuf heures du matin , fe font préfentés M. le Marquis de Saint Chamans , & M. Varnier demeurant à Éclaron , nommés par le Roi membres de l'Affemblée Provinciale ; lefquels ont pris place , favoir ; M. le Marquis de Saint Chamans dans l'ordre de la Nobleffe à raifon de fon âge , & M. Varnier, dans l'ordre du Tiers - État , à raifon de la contribution de la Paroiffe d'Éclaron.

Mgr. l'Archevêque de Reims a dit qu'il étoit convenable que l'Affemblée députât à M. le Commiffaire du Roi pour le faluer au nom de l'Affemblée , & il a nommé à cet effet , M. l'Abbé de Tailleyrand Périgord , M le Marquis de S. Chamans , M. de Souyn & M. de la Bruiere.

Monfeigneur l'Archevêque de Reims Préfident a ajouté que le premier choix qu'il convient de faire eft celui de Greffier de l'Assemblée Provinciale ; le scrutin sur le Bureau, chacun des membres y ayant mis un billet , ledit scrutin ouvert, les billets vérifiés par Monseigneur l'Évêque de Troyes , M. le Marquis d'Ecquevilly , M. de Souyn & M. de Ballidart, nommés Vérificateurs du scrutin , il s'est trouvé que le sieur Jacques Delapaix, Notaire à Châlons, a eu le plus grand nombre de suffrages. Ledit sieur Delapaix, mandé en la salle d'Assemblée, a accepté ladite place de Greffier qui lui a été proposée ; & après avoir remercié ladite Assemblée, il a prêté , entre les mains de Monseigneur l'Archevêque Président, le serment de bien & fidélement exercer, en son ame & conscience, les fonctions de Greffier de l'Assemblée Provinciale, de tenir ses Délibérations secrettes & de se conformer aux Règlements.

Monseigneur l'Archevêque Président a ensuite proposé de procéder, par la voie du scrutin, à l'Élection des vingt-quatre Membres qui doivent compléter l'Assemblée Provinciale.

A la nomination, par la même voie du scrutin, des Membres qui doivent composer la commission intermédiaire.

Et des Syndics de l'Assemblée Provinciale.

Les fuffrages fe font trouvés réunis en faveur des perfonnes ci-après nommées,

S A V O I R ;

POUR l'Ordre du Clergé.

De
M. l'Abbé DE MOIRIMOND, *pour l'Élection de Chaumont.*
M. l'Abbé D'ANDIGNÉ, *Vicaire Général de Châlons, pour l'Election de Sainte Menéhould.*
M. l'Abbé BOURLIER, *Chanoine de l'Eglife de Reims, pour l'Election de Vitry.*
M. l'Abbé DE VAUBECOURT, *Abbé de S. Pierre de Châlons, pour l'Election de Joinville.*
M. l'Abbé GOSSELIN, *pour l'Election de Séçanne.*
M. l'Abbé DE MAUROUS, *pour l'Election d'Epernay.*

POUR l'Ordre de la Nobleffe.

De
Monfieur le Comte DE BRIENNE, *pour l'Election de Bar-fur-Aube.*
Monfieur le Comte DE CHOISEUL D'AILLECOURT, *pour l'Election de Langres.*
Monfieur le Comte DE COIGNY, *pour l'Election d'Epernay.*

De
- Monſieur DE LA MICHODIÈRE, *pour l'Election de Vitry-le-François.*
- Monſieur le Baron DE COUCY, *pour l'Election de Reims.*
- Monſieur le Marquis DE THUISY, *pour l'Election de Sainte Menéhould.*

POUR les Députés des Villes & Campagnes repréſentant le Tiers-État.

De
- Monſieur TURPIN, *Tréſorier de France à Châlons, pour l'Election de Châlons.*
- Monſieur ROYER, *Notaire à Sézanne, pour l'Election de Sézanne.*
- Monſieur FROMAGEOT, *Négociant pour l'Election de Troyes.*
- Monſieur QUATRESOUS DE PARTELAINE à *Épernay, pour l'Election d'Épernay.*
- Monſieur MARTIN DESCRIENNES, *pour l'Election de Vitry.*
- Monſieur PERREIN-DES-ISLES, *demeurant à Joinville, pour l'Election de Joinville.*
- Monſieur GALLÉE, *Prévôt de la Ferté-ſur-Aube, pour l'Election de Bar-ſur-Aube.*
- Monſieur SERGENT, *Seigneur du Bellay, pour l'É-lection de Sainte Manéhould.*

De
Monfieur SOHIER, *demeurant à Château-Portien,
pour l'Élection de Rethel.*
Monfieur ROGER, *Maire pour la même Élection.*
Monfieur RIDOT, *ancien Maire, pour l'Élection de
Langres.*
Et Monfieur COLLOT, *Bailli de Château-Villain,
pour l'Élection de Chaumont,*

Ont pareillement été nommés, à la pluralité des fuffrages & par la voie du fcrutin, pour compofer la Commiffion intermédiaire de l'Affemblée Provinciale, les perfonnes ci-après,

S A V O I R ;

POUR l'Ordre du Clergé.

Monfieur l'Abbé D'ANDIGNÉ.

POUR l'Ordre de la Nobleffe.

Monfieur le Baron DE COUCY.

*POUR les Députés des Villes & Campagnes
repréfentans le Tiers-État.*

De
Monfieur TURPIN,
Monfieur DE CRANCÉ.

Ont encore été nommés, à la pluralité des fuffrages, & auffi par la voie du fcrutin, les deux Syndics de l'Affemblée Provinciale, favoir M. LÉVEQUE DE POUILLY, Chevalier, Confeiller d'État, Lieutenant Général au Bailliage & fiége Préfidial de Reims, choifi pour la repréfentation du Clergé & de la Nobleffe ;

Et M. ROZE, Avocat en Parlement, demeurant à Château-Portien, choifi pour la repréfentation du Tiers-État.

La Séance a été indiquée à demain mardi 7 de ce mois, neuf heures du matin.

Signé ,

† ALEX. AUG. ARCH. DUC DE REIMS, PRÉSIDENT.

DELAPAIX, *Greffier.*

Du Mardi 7 Août 1787 à 9 heures du matin.

M^r. l'Archevêque Duc de Reims, Préfident.

MOnfeigneur l'Archevêque de Reims a dit qu'il étoit queftion de procéder à la nomination , par la voye du fcrutin , des onze membres pris dans chaque Élection , que l'Affemblée Provinciale étoit dans le cas de nommer , conformément au Règlement , pour compofer les Affemblées d'Élection; le fcrutin fur le Bureau, chacun des membres y ayant mis fa lifte, ledit fcrutin ouvert & les liftes vérifiées par Monfeigneur l'Évêque de Troyes, M. le Marquis d'Ecquevilly, M. de Souyn & M. de Ballidart nommés Vérificateurs dudit fcrutin.

Ont été nommés à la pluralité des fuffrages dans l'ordre ci-après,

Savoir;

Pour l'Affemblée d'Election à Reims.

DANS *l'Ordre du Clergé.*

De { M. l'Abbé DE COUCY., *Vicaire Général de Reims.*
M. l'Abbé D'AUTICHAMPS, *Abbé de Saint Bâle.*

DANS *l'Ordre de la Nobleffe.*

De { M. le Comte DE ROUCY.
M. le Baron D'AUGER.
M. le Marquis DE SILLERY.

DANS l'Ordre du Tiers-Etat.

De
{
M. JACOB.
M. SAVOYE.
M. MOPINOT.
M. PINON , *demeurant à Chaumuzy.*
M. MITAULT.
M. JOBART , *demeurant à Reims.*
}

POUR l'Assemblée d'Election à Vitry-le-François.
DANS l'Ordre du Clergé.

De
{
M. l'Abbé DE PONS , *Doyen du Chapitre Royal de Vitry.*
M. JADELOT , *Prieur de l'Abbaye de Trois-Fontaines.*
M. l'Abbé DE BRUCIS , *Prieur de Margerie.*
}

DANS l'Ordre de la Noblesse.

De
{
M. DE BALLIDART , *à Vitry-le-François.*
M. DE FRENES , *à Saint Dizier.*
}

DANS l'Ordre du Tiers-Etat.

De
{
M. DE TORCY , le jeune , *Avocat à Vitry.*
M. DORISY , le jeune , *Avocat à Vitry.*
}

M.

De {
M. Clement de Bencourt, *à Marnaval.*
M. Duchemin, *Avocat à S. Diȝier.*
M. Lefebvre, *Procureur Fifcal & Propriétaire à Heilmaurupt.*
M. Gageot, *Maître de Pofte, Seigneur de Long-Champ.*
}

Pour l'Affemblée d'Election à Troyes.
Dans l'Ordre du Clergé.

De {
M. l'Abbé Felix, *Chanoine de Troyes, Syndic du Clergé.*
M. l'Abbé Clergier, *Chanoine & Sous-Chantre de l'Eglife Collégiale de S. Étienne à Troyes.*
}

Dans l'Ordre de la Nobleffe.

De {
M. le Marquis de Reaulx.
M. Deloynes, *Auditeur des comptes.*
M. Du Bourg, *Chevalier de S. Louis.*
}

Dans l'Ordre du Tiers-Etat.

De {
M. Huez, *Doyen du Bailliage, Siège Préfidial & Maire de Troyes.*
M. Jaillant Deschainets, *Procureur du Roi au Bailliage & Siège Préfidial de Troyes.*
M. Berthelin, *Seigneur de Roȝieres.*
}

E

De
- M. Noché, *Conseiller au Bailliage & Siège Présidial de Troyes.*
- M. Fromageot, *Négociant.*
- M. de la Ferté, *demeurant au Mouy.*

Pour l'Assemblée d'Election à Sézanne.
Dans l'Ordre du Clergé.

De
- M. l'Abbé Gosselin, *Doyen du Chapitre Royal de Sézanne.*
- M. l'Abbé du Ballay, *Prieur de S. Julien de Sézanne.*
- M. Melet, *Curé de S. Denis de la même Ville.*

Dans l'Ordre de la Noblesse.

De
- M. le Marquis de Pleure.
- M. le Vicomte de Champagne de Neuvy.

Dans l'Ordre du Tiers-Etat.

De
- M. Riberon, *Conseiller au Bailliage, Maire.*
- M. de Latouche, *Procureur du Roi du Bailliage.*
- M. Huot, *M^e. Particulier des Eaux & Forêts.*
- M. Rivot, *Notaire.*
- M. Noblot, *Bailli d'Anglure.*
- M. Gautrot, *Avocat, demeurant à Pleure.*

POUR l'Assemblée d'Election à Bar-sur-Aube.

DANS l'Ordre du Clergé.

De {
M. l'Abbé de BEAULIEU.
M. l'Abbé de BELLOC , *Doyen de Saint Etienne de Troyes.*
M. l'Abbé DE ROUHAULT, *Vic. Général de Troyes.*

DANS l'Ordre de la Noblesse.

De {
M. le Comte de VILLEBERTAIN , *Seigneur de Briel près Vendeuvres.*
M. le Baron d'ALLONVILLE , *Seigneur de Falligny près Bar-sur-Aube.*

DANS l'Ordre du Tiers-Etat.

De {
M. BEVGNOT fils , *Avocat à Bar-sur-Aube.*
M. NAVARRE , *demeurant à Brienne.*
M. GALLÉE , *Prévôt de la Ferté-sur-Aube.*
M. VANNIER , *Bailli à Vendeuvre.*
M ÉTIENNE , *demeurant à Mussy.*
M. LE SUEUR , *demeurant à Bar-sur-Aube.*

Pour l'Assemlée d'Election à Langres.

Dans l'Ordre du Clergé.

De
- M. l'Abbé Baudot, *Vicaire Général.*
- M. Parisot, *Curé de l'Heulli-le-Grand.*
- M. le Prieur d'Auberive.

Dans l'Ordre de la Noblesse.

De
- M. le Marquis de Bologne.
- M. Girault de Belfond, *Chevalier, Commissaire de la Noblesse.*

Dans l'Ordre du Tiers-Etat.

De
- M. Ally, *Bailli de Grancey.*
- M. Prévôt, *de Nogent-le-Roi.*
- M. Rivot, *ancien Maire de Langres.*
- M. Henriot, *Juge de Montigny-le-Roi.*
- M. Bouguerel, *Maître de Poste à Langres.*
- M. Grisot, *Seigneur de Poinson.*

Pour l'Assemblée d'Election à S_e. Ménéhould.

Dans l'Ordre du Clergé.

De
- M. l'Abbé d'Ecquevilly, *Vicaire Général du Diocèse de Reims, Abbé de Chehery.*
- M. Buiret, *Curé, Doyen de Sainte-Menéhould,*
- M. de Perthes, *Prévôt de Montfaucon.*

DANS l'Ordre de la Nobleffe.

De
- M. Le Comte de DAMPIERRE, *Seigneur de Hams.*
- M. de CHAMISSOT, *Comte de Boncourt.*

DANS l'Ordre du Tiers-Etat.

De
- M. DELIEGE, *Avocat, demeurant à Sainte-Menéhould.*
- M. FLORION, *Adminiftrateur Général de Chaude-Fontaine, demeurant à Ste. Menéhould.*
- M. D'AMOURETTE, *Admodiateur, demeurant à Challerange.*
- M. PICART, *Avocat, demeurant à Triaucourt.*
- M. GOLZARD, *Bailli du Marquifat de Grand-Prés.*
- M. MARTINET, *demeurant à Vienne-la-Ville.*

POUR l'Affemblée d'Election à Chaumont.

DANS l'Ordre du Clergé.

De
- M. l'Abbé SIRJEAN, *Chanoine de Chaumont.*
- M. MICHEL, *Curé de Viéville.*

DANS l'Ordre de la Nobleffe.

De
- M. de NEUILLY.
- M. le Comte DE PONS.
- M. le Marquis DE PONS RENNEPONT.

DANS l'Ordre du Tiers - Etat.

De
- M. de VIGNES, *Procureur du Roi.*
- M. COLLOT, *Bailli de Château-Vilain.*
- M. JOLY, *Avocat.*
- M. HEURÉ, *demeurant à Bologne.*
- M. LARCHER, *demeurant à Suſannecourt.*
- M. BONNET, *Maître de Poſte à Vignory.*

POUR l'Aſſemblée d'Election à Châlons.

DANS l'Ordre du Clergé.

De
- M. l'Abbé PETITJEAN, *Chanoine Archidiacre, Vicaire Général.*
- M. l'Abbé DE LA COURT, *Chanoine.*

DANS l'Ordre de la Nobleſſe.

De
- M. de PINTEVILLE de CERNON, fils.
- M. le Préſident HOCART.
- M. le Préſident FRAGUIER.

DANS l'Ordre du Tiers - Etat.

De
- M. de CHANTRENNE.
- M. SOLEAU, *ancien Préſident de l'Election.*
- M. OURIET, *Avocat.*
- M. de SYMÉVILLE, *Seigneur de Compertrix.*
- M. CHAMPION, } *Avocats.*
- M. THOMAS, }

POUR l'Assemblée d'Election à Joinville.

DANS l'Ordre du Clergé.

De {
M. le DOYEN *du Chapitre de Joinville.*
M. OUDOT , *Curé de Waßy.*
M. PETITJEAN , *Curé de Joinville.*

DANS l'Ordre de la Nobleße.

De {
M. le Marquis de PIMODAN.
M. DE ROUSSEL , *demeurant à Joinville.*

DANS l'Ordre du Tiers - Etat.

De {
M. le BLANC , *d'Eclaron.*
M. HASTE , *Lieutenant de Maire à Joinville.*
M. PAILLETTE , *Officier de Saint Louis , demeurant à Waßy.*
M. THEVENIN , *Bailli de Sommevoir.*
M. PERRIN des ISLES , *Avocat à Joinville.*
M. MAIREAU , *Avocat à Montier-en-Der.*

POUR l'Assemblée d'Election à Epernay.

DANS l'Ordre du Clergé.

De {
M. l'Abbé de LA CHARMOYE
M. l'Abbé de GRIMALDI , *Vicaire Génér. de Reims.*

DANS l'Ordre de la Noblesse.

De
- M. le Comte de FAILLY, *Seigneur des Conardins.*
- M. de CHAMISOT, *Maître des Requêtes, Seigneur de Villers près Châtillon.*
- M. le Chevalier de CAUMONT.

DANS l'Ordre du Tiers-Etat.

De
- M. PREVOST, *Changeur du Roi, demeurant à Dormans.*
- M. le BLANC, *Officier de la Louveterie, Seigneur de Neuville, demeurant à Mareüil.*
- M. GILLET, *Bailli de Verneüil.*
- M. CHAUFOUR, *ancien Maire d'Ay.*
- M. CHAGROT, *Bailli de Louvois.*
- M GILLET, *ancien Maire d'Epernay.*

POUR l'Assemblée d'Election à Rethel-Mazarin.

DANS l'Ordre du Clergé.

De
- M. le DOYEN de Rethel.
- M. GERVAISE, *Prieur de l'Abbaye de Signy.*

DANS l'Ordre de la Noblesse.

De
- M. le Marquis d'AMBLY, *Maréchal de Camp.*
- M. le Vicomte de REMONT.
- M. le Comte de COUCY.

DANS

DANS l'Ordre du Tiers - Etat.

De
M. PAUFFIN l'aîné *Préfident des Traites.*
M. ROGER, *Maire & Avocat du Roi.*
M. BENOIST d'ORÉ, *Propriétaire à Vouzieres.*
M. WIBERT, *Avocat.*
M. LUDINART de Vauxelles.
M. DESGLANDS, *Maire de Château-Portien.*

Enfuite, Monfieur l'Abbé D'ANDIGNÉ, Monfieur TURPIN, nommés Membres de l'Affemblée Provinciale, Monfieur LÉVÊQUE DE POUILLY, nommé Syndic pour les Ordres du Clergé & de la Nobleffe, & Monfieur ROZE, nommé pareillement Syndic pour l'Ordre du Tiers-État, s'étant préfentés, après avoir accepté leur nomination, & témoigné, à l'Affemblée, leur fenfibilité à la marque de confiance dont elle veut bien les honorer, ont pris place, Monfieur D'ANDIGNÈ & M. TURPIN, à leur rang; & MM. les Syndics, en face de Mgr. l'Archevêque, Préfident.

La féance a été indiquée à cejourd'hui fix heures du foir.

Signé,

+ ALEX. ANG. ARCH. DUC DE REIMS, Préfident.

DELAPAIX,
Greffier.

Certifié véritable & conforme à l'Original.

F

Du Mardi 7 Août 1787, 5 heures du soir.

Monseigneur l'Archevêque de Reims, Président.

L'Assemblée ayant pris séance, MM. les Députés, nommés par la Délibération du Lundi 6 pour aller saluer M. le Commissaire du Roi au nom de l'Assemblée, ont rendu compte de la commission dont sil avoient été chargés.

Monseigneur l'Archevêque a dit que l'Assemblée avoit à délibérer sur plusieurs points ;

1°. Qu'il étoit nécessaire de fixer, aux Assemblées d'Élection, un jour pour la tenue de leur premiere Assemblée, à l'effet de se completter conformément au Réglement ;

2°. De déterminer dans quel temps l'Assemblée Provinciale reprendra ses séances ;

3°. De régler la forme des correspondances avec l'Assemblée Provinciale & sa commission intermédiaire.

La matiere mise en délibération, il a été arrêté 1°. que les Assemblées d'Élection tiendront leur premiere séance le 27 Août prochain ;

2°. Que l'Assemblée Provinciale reprendra ses séances le 15 de Novembre aussi prochain.

3°. Que les mémoires & lettres arriveront à l'Affemblée Provinciale ou à fa commiffion intermédiaire, par le canal des Affemblées d'Élection ou de
leurs commiffions intermédiaires; & que l'Affemblée
Provinciale & fa commiffion intermédiaire ne rece-
vront aucunes lettres ni mémoires directement, à
moins que le port n'en foit affranchi.

Il a été de plus arrêté que les Syndics des Affemblées tant Provinciale que d'Election, tiendront un
Regiftre à plufieurs colonnes fur lequel ils écriront,
jour par jour la note des mémoires à eux adreffés,
avec un énoncé fommaire des Réponfes faites auxdits
mémoires, ou du Renvoi qui en fera fait aux
Affemblées, pour ledit Regiftre être repréfenté aux-
dites Affemblées

MM. après avoir conféré fur les honoraires de
MM. les Syndics Membres de la commiffion intermédiaire, Greffier & autres perfonnes employées
pour les affaires dont l'Affemblée eft chargée, ont
penfé que les honoraires des deux Syndics pourroient
être portés à une fomme de 4000 liv. chacun, & en
outre à celle de 1200 liv. en total pour leur logement.
Ceux des quatre Membres de la commiffion intermédiaire à 1200 liv. chacun, & ceux du Greffier à

F ij

1500 livres. Réservant l'Assemblée Provinciale de régler les frais de Bureau sur les mémoires détaillés qui seront rapportés par MM. les Syndics ; & qu'il pourra être de plus accordé une somme de 1200 liv. à la personne qui sera choisie, & nommée pour suivre à Paris les affaires qui lui seront adressées ; & 300 livres pour le Concierge, faisant les fonctions d'Huissier.

Sur quoi il sera statué définitivement par la prochaine Assemblée Provinciale.

Mgr. l'Archevêque a prié les mêmes Députés, qui avoient déjà été chez M. le Commissaire du Roi, de se transporter de nouveau chez lui pour le prévenir que l'Assemblée aura terminé demain Mercredi les différents objets dont elle est chargée, & le prier de venir en faire la clôture.

La séance prochaine a été indiquée à demain Mercredi huit heures du matin.

Signé,

✝ ALEX. ANG. ARCH. DUC DE REIMS.

DELAPAIX,
Greffier.

Certifié véritable & conforme à l'Original.

Du Mercredi 8 Août 1787 , neuf heures du matin.

M⁰ʳ. l'Archevêque de Reims , Préfident.

MOnfeigneur l'Évêque de Châlons & M. de Souyn nommés dans la féance d'hier pour l'examen du local de l'Hôtel de Ville, ont dit , qu'il leur avoit paru propre à tenir les féances de l'Affemblée Générale & de la commiffion intermédiaire ; & capable en même tems de contenir les bureaux & les archives. Sur quoi, l'Affemblée a chargé MM. les Syndics de faire , de concert avec MM. les Officiers du Corps de Ville ; toutes les difpofitions néceffaires pour lefdits objets.

M⁰ʳ. l'Archevêque de Reims a dit , qu'il lui paroiffoit convenable, avant que l'Affemblée fe féparât, de donner quelques inftructions à la commiffion intermédiaire ; fur quoi, l'Affemblée, après en avoir délibéré, a arrêté que la commiffion intermédiaire s'occuperoit de demander aux Affemblées d'Élection ;

1°. Un dénombrement exact de la population actuelle de la Province, en claffant les individus des deux fexes.

2°. Des obfervations relatives à chaque Paroiffe, fur les maladies regnantes , & un état des incendies arrivés dans le cours de l'année derniere.

3°. Un dénombrement détaillé des bestiaux de chaque espece, & des éclaircissemens sur les moyens que l'on pourroit employer pour leurs multiplication & amélioration.

4°. L'Assemblée, désirant connoître toutes les ressources de la Province, voudroit que la commission intermédiaire se procurât un état exact de toutes les propriétés foncieres, de quelque nature qu'elles soient, privilégiées & autres, même de celles des communautés d'habitans.

5°. Qu'elle s'assurât égalememt du montant des impositions, de la forme des Rôles, du régime suivi dans les répartitions générales & individuelles, de la Taille, & de la Capitation des privilégiés, ensemble des dépenses relatives à la perception des impositions, & à l'administration de la Province.

6°. Également arrêté, que ladite commission intermédiaire demandera à l'Ingénieur en chef de la Province, un détail estimatif de tous les travaux essentiels à faire en 1788, sur les routes, en subordonnant la dépense à l'imposition, fixée sur cette partie, que l'Administration voudroit réduire à une proportion moins forte que celle du sixieme de la Taille, & Capitation imposé pour cet objet; auquel état l'Ingénieur ajouteroit celui de toutes les adjudications passées en 1787.

7°. Que ladite commiſſion ſe procurera auſſi un état de toutes les dépenſes aſſignées ſur la caiſſe des Ponts & Chauſſées, ſoit fixes, ſoit variables, en préſentant le tableau de celles à faire en 1788.

8°. Un état des ateliers de charité qui auront lieu en 1787.

9°. S'informera quelles ſont les communications les plus fréquentées, pour le paſſage des productions de la Province à l'étranger ; les marchés les plus conſidérables pour la conſommation intérieure des denrées ; & quels feroient les communications & marchés qu'il feroit plus avantageux d'établir.

L'Aſſemblée ayant été avertie de l'arrivée de M. le Commiſſaire du Roi, MM. les Syndics ont été le recevoir au bas de l'eſcalier ; au haut duquel il a été reçu avec le même cérémonial & par les mêmes Députés qui avoient été au-devant de lui, lors de l'ouverture.

L'Aſſemblée l'a reçu debout & ſans ſe déplacer ; après avoir ſalué l'Aſſemblée, M. le Commiſſaire du Roi s'eſt aſſis, dans un fauteuil placé pour lui en face de Mgr. le Préſident, a fait la clôture de l'Aſſemblée par un diſcours analogue à la circonſtance.

Mgr. l'Archevêque de Reims lui ayant répondu

M. le Commissaire du Roi s'est levé, a salué l'Assemblée, a été reconduit avec les mêmes honneurs, & par les mêmes Députés qui avoient été le recevoir.

MM., après avoir exprimé à Mgr. l'Archevêque de Reims tous les sentimens dont ils sont pénétrés pour lui, se sont séparés.

La séance a été indiquée au Jeudi 15 Novembre prochain 1787. *Signé* sur la minute, † *ALEX. ANG. TALLEYRAND - PÉRIGORD*, *Arch. Duc de Reims*; † *L. M. J. DE BARRAL*, *Év. de Troyes*; † *A. J. DE CLERMONT TONNERRE*, *Ev. Comte de Châlons*; *F. L. M. ROCOURT*, *Abbé de Clairvaux*; *CHAR. MAUR. DE TALLEYRAND-PÉRIGORD*; *L. J. FRANÇOIS D'ANDIGNÉ*; *HENNEQUIN*, Marquis *D'ECQUEVILLY*; le Comte *DE S^t. BELIN*; le Marquis *DE MESGRIGNY*; *LE REBOURS DE S^t. MARD*; le Marquis *DE S^t. CHAMANS*; *DE SOUYN*; *DE BALLIDARD*; *HUEZ*; *DE BERLE*; *BRUSLÉ DE LA BRUNIÈRE*; *BAUDOT DE VILLE*; *DE BRIENNE*; le Comte *DE PONS*; *TURPIN*; *DE CRANCÉ DE BALHAM*; *LE BLANC*; *FLORION*; *VARNIER*.

DE POUILLY & ROZE, *Syndics*. DELAPAIX, *Greffier*.

9 782019 221911